LE PENTATEUQUE

Esquisse de ses enseignements

Par Jean-Paul Berney

230, rue Lupien
Trois-Rivières (Québec)
Canada G8T 6W4

Publié avec permission

© 2008 : Publications Chrétiennes inc.
         230, rue Lupien
         Trois-Rivières (Québec) G8T 6W4
         CANADA

         Tous droits réservés

Par Jean-Paul Berney

Dépôt légal – 1er trimestre 2008

ISBN : 978-2-89082-107-1

Dépôt légal : Bibliothèque et Archives nationales du Québec
              Bibliothèque et Archives Canada

Table des matières

Introduction 7
    Les Juifs et le Pentateuque 7
    Moïse, l'auteur du Pentateuque 8
    Le Seigneur Jésus et le Pentateuque 10
    La Bible des Juifs et le Pentateuque 10
    L'enseignement du Pentateuque 11
    L'expérience de l'homme enseignée par Dieu 12
    La révélation progressive de Dieu 12
    Le Pentateuque en abrégé 13
    Graphique 14
    Questionnaire 1 15
    Questionnaire 2 19

La Genèse 21
    Un livre important 21
    Un livre haï de l'ennemi 21
    Le titre du livre 22
    Le Seigneur a fait référence à la Genèse 22
    Le livre des origines 23
    Le livre des commencements 24
    Les généalogies 24

Les deux grandes divisions du livre 25
La grande leçon du livre 25
Contenu du livre 26
Comparaisons et contrastes avec l'Apocalypse 27
Esquisse 30
Questionnaire 31

L'Exode 35

L'Exode, livre de la rédemption 36
Chronologie et démographie 37
Comparaisons et contrastes avec la Genèse 37
Contenu du livre 38
La main de Dieu se manifeste 38
La souveraineté de Dieu est révélée 39
Résumé de l'enseignement de l'Exode 39
L'Exode et le Nouveau Testament 40
L'Ancien Testament – Tableau 42
Questionnaire 43

Le Lévitique 47

Particularité 47
Difficile au premier abord, mais important 48
Mots et expressions clés 49
Contenu du livre 49
Les sacrifices 52
Le grand jour des expiations 54
Les fêtes de l'Éternel 54
Conclusion 57
Les 7 fêtes - Tableau 58
Questionnaire 59

Les Nombres 63

Relation et comparaison avec l'Exode et le Lévitique 63
Message du livre des Nombres 64
Analyse du livre 65
Dieu nous enseigne par l'histoire 66
Le livre des nombres à la lumière du N.T. 66
Le service des Lévites 67
Un bref résumé 68
Questionnaire 69

Le Deutéronome 73

Le contenu du Deutéronome 74
L'annonce du Messie 74
Un texte clé pour reconnaître les faux prophètes 75
Quelques attributs de Dieu 75
Le Deutéronome cité dans le Nouveau Testament 76
Un résumé de la carrière de Moïse 76
Questionnaire 79

Le Nouveau Testament comparé au Pentateuque 83

Questionnaire 86

Les Psaumes comparés au Pentateuque 87

Questionnaire 90

Introduction

Le mot « Pentateuque » du grec *Pentateukhos* (*pente* : « cinq » et *teukhos* : « rouleau ») signifie littéralement les cinq rouleaux. Il faut se souvenir qu'à l'époque les livres étaient des rouleaux de peaux ou des parchemins. Voyez par exemple : Ps 40.8 ; Lu 4.17,20 ; Hé 10.7 ; Ap 6.14. Les papyrus étaient aussi roulés.

Le mot « Pentateuque » vient de la version des *Septante*, alors que soixante-douze savants juifs d'Alexandrie ont traduit l'Ancien Testament hébreu en grec, environ 300 ans avant Jésus-Christ. Les Pères de l'Église ont retenu cette expression.

LES JUIFS ET LE PENTATEUQUE

Autrefois les Juifs appelaient le Pentateuque « La Loi » ou « Les cinq cinquièmes », ou encore « Les cinquièmes ». Chaque livre était appelé par les premiers mots du début du livre :

La Genèse	« Au commencement »
L'Exode	« Voici les noms »
Le Lévitique	« Et Il appela »
Les Nombres	« Dans le désert »
Le Deutéronome	« Les paroles »

À noter que, dans l'original, l'Exode, le Lévitique, les Nombres et le Deutéronome commencent par la conjonction de coordination « et », qui relie les cinq parties ensemble et font du Pentateuque un seul livre. La version *Darby* a maintenu ce « et » au début de l'Exode, du Lévitique et des Nombres.

MOÏSE EST L'AUTEUR DU PENTATEUQUE (15 SIÈCLES AV. J.-C.)

Moïse, lui-même, rapporte que Dieu lui donna l'ordre d'écrire un récit pour que le souvenir soit conservé (Ex 17.8-14, *cf.* 1 Co 10.6,11). Moïse dit à plusieurs reprises que la loi fut mise par écrit (voir Ex 24.4,7 ; No 33.2 ; De 31.9,12, 24-26).

Cette loi fut conservée dans l'arche comme un document très précieux (De 10.2 ; Hé 9.4). À un certain moment, le livre de la loi fut perdu puis retrouvé dans le temple au temps du roi Josias (2 R 22.8-13 ; 23.2 ; 2 Ch 34.14-21).

Les auteurs du Nouveau Testament appellent le Pentateuque soit la loi de Moïse ou simplement Moïse. (voir Mt 8.4 ; Mc 12.26 ; Lu 2.22 ; Jn 1.45 ; Ac 3.22 ; Ro 9.15 ; 1 Co 9.9 ; 2 Co 3.15 ; Hé 10.28). Ces passages et bien d'autres démontrent que Moïse est bien l'auteur des textes juridiques du Pentateuque. Les rapports entre la Genèse et les autres livres du Pentateuque étant tellement évidents et inséparables, alors pourquoi ne pas attribuer la Genèse à Moïse ?

La Bible ne précise pas le mode de révélation de Dieu à Moïse. A-t-il eu accès à des documents antérieurs ou a-t-il mis par écrit des récits transmis de père en fils ? On pourrait débattre longtemps ces questions, sans profit. Le croyant qui connaît un peu la puissance de Dieu sait que Dieu n'est pas limité. Celui qui connaît l'avenir peut aussi révéler le passé.

Introduction

Nous relevons une note à la page 258 de la Bible Scofield. *« La question a été posée : Moïse a-t-il pu rédiger lui-même le compte rendu de sa mort ? Il est plausible que le Seigneur inspira Josué à ajouter ce passage au texte de Moïse. Mais puisque Dieu avait pris soin de révéler à Moïse l'époque et les circonstances de sa mort imminente, il est aussi possible qu'il l'ait conduit à l'écrire en avance (voir Ex 17.14 ; De 31.24, notes). »* La lecture des notes de M. Scofield est recommandée à ceux qui sont ébranlés par la critique moderne et à tous les croyants pour affirmer leur foi.

Pour les apôtres, le témoignage des Écritures est sans équivoque. « Toute l'Écriture est inspirée de Dieu » (2 Ti 3.16). Et encore : « C'est poussés par le Saint-Esprit que des hommes ont parlé de la part de Dieu » (2 Pi 1.21).

Malgré les terribles assauts du rationalisme et de l'incrédulité contemporaine, nous pouvons être assurés que Dieu a veillé afin que la vérité nous soit conservée et communiquée sans altération.

Toutes les théories qui ont cours aujourd'hui, et qui contredisent la Bible, ne sont qu'une preuve de plus que l'homme est toujours prêt à croire quelque chose qui vient à l'encontre de la révélation divine plutôt que de se fier à la Parole de Dieu. Rappelons-nous que la première question, rapportée dans la Bible, vient de Satan. « Dieu a-t-il réellement dit... » (Ge 3.1). Cette question met en doute l'autorité de la Parole de Dieu. Les buts du séducteur n'ont pas changé. Il sème le doute quant à la Parole et la souveraineté de Dieu.

Le Pentateuque - Esquisse de ses enseignements

En conclusion, nous ne croyons pas, comme les critiques, que le Pentateuque est une mosaïque de documents variés assemblés au cours des siècles, mais nous croyons à l'authenticité mosaïque du Pentateuque.

LE SEIGNEUR JÉSUS ET LE PENTATEUQUE

Le Seigneur Jésus croyait aux écrits de Moïse et à leur autorité (voir Mc 10.3 ; Lu 16.29 ; Lu 24.27,44). Il a mis son sceau sur le canon des Saintes Écritures, telles que les Juifs les acceptaient encore. La Genèse est le premier livre et 2 Chroniques le dernier dans la Bible des Juifs. Dans une seule phrase, le Seigneur a référé à un récit de la Genèse et à un de 2 Chroniques (Mt 23.35, *cf.* Ge 4.8 et 2 Ch 24.20,21). Cela correspond, aujourd'hui, à dire « de la Genèse à l'Apocalypse » en parlant de toute la Bible.

LA BIBLE DES JUIFS ET LE PENTATEUQUE

Aujourd'hui, la Bible des Juifs maintient ces 3 grandes sections :

Le Pentateuque : les 5 livres de Moïse

Les prophètes : a) les premiers prophètes : Josué, les Juges, les 2 livres de Samuel et des Rois
b) les derniers prophètes : Ésaïe, Jérémie, Ézéchiel et les 12 petits prophètes (Osée à Malachie)

Les hagiographes : (litt. les écrits sacrés) appelés parfois « les écrits » et qui comprennent tous les autres livres du canon inspiré de l'Ancien Testament. Les Psaumes étant en tête de cette section, les hagiographes sont parfois appelés « les Psaumes ».

Introduction

L'ENSEIGNEMENT DU PENTATEUQUE

Les cinq livres de Moïse couvrent une période d'environ 2 500 ans d'histoire. Ils sont cités plus de 240 fois dans le Nouveau Testament. Toutes les histoires qui nous y sont rapportées sont des faits historiques véridiques par lesquels Dieu veut nous instruire (Ro 15.4 ; 1 Co 10.6,11).

Le Seigneur lui-même a dit que tout l'Ancien Testament parle de Lui (Lu 24.27,44 ; Jn 5.39). Il a aussi utilisé l'enseignement analogique (Mt 12.40 ; Jn 3.14).

Dans l'Ancien Testament, le Nouveau est voilé. Dans le Nouveau, l'Ancien est révélé.

Le Pentateuque nous présente un développement logique de la vérité qui est repris en détail dans toute la Bible.

La Genèse pose **la base** de toute la révélation. Nous y trouvons les principes qui gouvernent les relations de Dieu avec sa créature. Sans la foi, il est impossible d'être agréable à Dieu (Hé 11.6).

L'Exode nous présente **la rédemption** du peuple de Dieu, la loi et le tabernacle. Sans effusion de sang, il n'y a pas de pardon (Hé 9.22).

Le Lévitique nous donne les prescriptions sur **la manière de s'approcher de Dieu** (les sacrifices, les offrandes, la purification). Sans la sanctification, personne ne verra le Seigneur (Hé 12.14).

Les Nombres raconte le pèlerinage d'Israël, **les soins et les corrections de Dieu** à son égard. Sans la discipline à laquelle tous participent, vous êtes des bâtards et non des fils (Hé 12.8 ; Darby).

Le Deutéronome rappelle que **l'obéissance apporte la bénédiction alors que la désobéissance amène le jugement.** Sans les œuvres, la foi est morte (Ja 2.17,26).

En résumé : Genèse   → élection
            Exode   → rédemption
            Lévitique   → sanctification
            Nombres   → épreuves et expériences
            Deutéronome   → gouvernement de Dieu

EXPÉRIENCE DE L'HOMME ENSEIGNÉE PAR DIEU

Genèse   Ruine à cause du péché et de la folie de l'homme
Exode   Rédemption par le sang de l'agneau et la puissance de Dieu
Lévitique   Communion et adoration grâce aux sacrifices
Nombres   Direction pendant le pèlerinage dans un monde hostile
Deutéronome   Instructions – rétrospections et prospectives – en vue de la possession de l'héritage

LA RÉVÉLATION PROGRESSIVE DE DIEU ET DE SES RELATIONS AVEC SON PEUPLE

Genèse   Souveraineté de Dieu   création et élection
Exode   Salut de Dieu   rédemption et puissance
Lévitique   Sainteté de Dieu   communion et adoration
Nombres   Patience de Dieu   soins et corrections
Deutéronome   Fidélité de Dieu   appel à l'obéissance

LE PENTATEUQUE EN ABRÉGÉ

Genèse	L'homme **tombe** sous la puissance du péché → Rébellion
Exode	Les rachetés **sortent** d'Égypte → Rédemption
Lévitique	Les rachetés **entrent** dans la présence de Dieu → Communion
Nombres	Les rachetés **passent** par le désert → Direction
Deutéronome	Les rachetés **arrivent** à la Terre promise → Satisfaction

Genèse	l'appel (chap. central 22)
Exode	le rachat (chap. central 12)
Lévitique	la communion (chap. central 16)
Nombres	la marche (chap. central 19)
Deutéronome	le souvenir (chap. central 16)

Genèse	à propos de **personnes** — fait connaître les **plans** de Dieu
Exode	à propos du **peuple** de Dieu — fait connaître les **provisions** de Dieu
Lévitique	à propos de la **prêtrise** — fait connaître comment entrer dans la **présence** de Dieu
Nombres	à propos du **pèlerinage** d'Israël — fait connaître la **patience** de Dieu
Deutéronome	à propos de la **possession** de l'héritage — fait connaître les **préceptes** pour obtenir la bénédiction

LE PENTATEUQUE

	Autrefois appelé…	Son enseignement	Expérience de l'homme enseigné par Dieu	Révélation progressive de Dieu et de ses relations avec son peuple		En abrégé	Thème Chap. central	Les grandes lignes
Genèse	Au commencement	Élection	Ruine à cause du péché et de la folie de l'homme	Souveraineté de Dieu	Création et élection	L'homme **tombe** sous la puissance du péché	Rébellion	l'appel 22	à propos de **personnes** — fait connaître les **plans de Dieu**
Exode	Voici les noms	Rédemption	Rédemption par le sang de l'agneau et la puissance de Dieu	Salut de Dieu	Rédemption et puissance	Les rachetés **sortent** d'Égypte	Rédemption	le rachat 12	à propos du **peuple de Dieu** — fait connaître les **provisions de Dieu**
Lévitique	Et il appela	Sanctification	Communion et adoration grâce aux sacrifices	Sainteté de Dieu	Communion et adoration	Les rachetés **entrent** dans la présence de Dieu	Communion	la communion 16	à propos de la **prêtrise** — fait connaître comment entrer dans la **présence de Dieu**
Nombres	Dans le désert	Épreuves et expériences	Direction pendant le pèlerinage dans un monde hostile	Patience de Dieu	Soins et corrections	Les rachetés **passent par** le désert	Direction	la marche 19	à propos du **pèlerinage d'Israël** — fait connaître la **patience de Dieu**
Deutéronome	Les paroles	Gouvernement de Dieu	Instructions — rétrospectives et prospectives — en vue de la possession de l'héritage	Fidélité de Dieu	Appel à l'obéissance	Les rachetés **arrivent** à la Terre promise	Satisfaction	le souvenir 16	à propos de la **possession de l'héritage** — fait connaître les **préceptes** pour obtenir la bénédiction

Questionnaire
sur le Pentateuque

PARTIE 1

1. Quelles sont les 3 grandes divisions de la Bible hébraïque ?

_____

_____

_____

2. D'où vient le mot « Pentateuque », et qu'elle est sa signification ?

_____

_____

3. Comment les auteurs du Nouveau Testament appellent-ils le Pentateuque ? Donnez les références.

_____

_____

Le Pentateuque - Esquisse de ses enseignements

4. Donnez 3 passages qui démontrent que le Seigneur Jésus croyait que Moïse était l'auteur du Pentateuque :

_____

5. À quelle époque approximative vivait Moïse ?

_____

6. Pourquoi le Pentateuque a-t-il une importance primordiale ?

_____

7. Les 5 premiers livres de la Bible nous sont donnés dans un ordre qui correspond à l'expérience du peuple de Dieu de tous les temps. Notez quel est cet ordre :

Genèse : _____

_____

Exode : _____

_____

Lévitique : _____

_____

Nombres : _____

_____

Introduction (Questionnaire)

Deutéronome : _____

_____

8. Qu'est-ce qu'un type ? _____

_____

9. Quelle est la différence entre une parabole et un type :

_____

_____

10. Écrivez le nom d'un livre du Pentateuque à côté du mot qui correspond :

Sanctification : _____

Rédemption : _____

Élection : _____

Gouvernement de Dieu : _____

Épreuves et expériences : _____

11. Écrivez le nom d'un livre du Pentateuque qui correspond avec le passage indiqué :

Sans les œuvres, la foi est morte (Ja 2.17,26) :

_____

Sans la sanctification, personne ne verra le Seigneur (Hé 12.14) :

Sans la foi, il est impossible de plaire à Dieu (Hé 11.6) :

Sans effusion de sang, il n'y a pas de pardon (Hé 9.22) :

Sans la discipline à laquelle tous participent, vous êtes des bâtards et non des fils (Hé 12.8 ; *Darby*) :

PARTIE 2

1. Complétez les mots qui manquent :

Genèse = _____ à cause du péché et de la désobéissance.

Exode = _____ par le sang de l'agneau et la puissance de Dieu.

Lévitique = _____ et _____ grâce aux sacrifices.

Nombres = _____ pendant le pèlerinage dans un monde hostile.

Deutéronome = _____ rétrospectives et prospectives en vue de la possession de l'héritage.

2. Mettez le nom d'un des 5 livres de Moïse à l'endroit approprié :

_____ nous parle du pèlerinage d'Israël et fait connaître la patience de Dieu.

_____ nous parle de la prêtrise et fait connaître comment entrer dans la présence de Dieu.

_____ nous parle du peuple de Dieu et fait connaître les provisions de Dieu.

_____ nous parle de la possession de l'héritage et fait connaître les préceptes de Dieu pour obtenir la bénédiction.

_____ nous parle des patriarches et fait connaître les plans de Dieu.

3. Écrivez le nom d'un des livres du Pentateuque vis-à-vis de l'expression qui convient le mieux pour résumer ce livre :

Rédemption : _____

Élection : _____

Sanctification : _____

Épreuves et expériences : _____

Gouvernement de Dieu : _____

4. Au début de la ligne, mettez le nom d'un livre du Pentateuque qui correspond le mieux au verbe souligné et complétez chaque phrase :

_____ Les rachetés <u>arrivent</u> à _____

_____ L'homme <u>tombe</u> sous la _____

_____ Les rachetés <u>entrent</u> dans la _____

_____ Les rachetés <u>passent</u> par le _____

_____ Les rachetés <u>sortent</u> _____

La Genèse
Introduction et résumé

UN LIVRE IMPORTANT

La porte d'entrée de la révélation. La base de toute la Bible. Ébranler ce fondement, c'est ébranler tout l'édifice. Sans la Genèse, la Bible est une énigme insoluble.

La base indispensable à une vraie connaissance biblique. Notre destinée est intimement liée à notre origine.

Tous les grands faits de la révélation se trouvent en germe dans la Genèse, comme l'arbre se trouve dans la graine.

Dans la Genèse, nous trouvons les principes qui gouvernent les relations entre Dieu et sa créature. « Sans la foi, il est impossible de lui être agréable » (Hé 11.6). Considérez Adam, Abel, Noé et Abraham.

UN LIVRE HAÏ DE L'ENNEMI

Il y a deux livres de la Bible qui ont eu, plus que les autres, à subir les attaques de l'ennemi de Dieu et des hommes. C'est la Genèse et l'Apocalypse.

Pourquoi ? Ces deux livres annoncent le jugement et la fin de Satan. La Genèse nous dit « qui écrasera la tête du serpent » et l'Apocalypse donne les détails de son exécution.

Il n'y a donc pas lieu de s'étonner que ces deux livres soient les plus contestés par ceux qui, ne connaissant pas Dieu, sont laissés à leurs propres ressources. Des hommes de science, et beaucoup d'autres à leur suite, discréditent la Genèse comme étant, selon eux, un livre dépassé. Les incrédules méprisent l'Apocalypse et prétendent qu'il est un livre trop mystérieux pour être pris au sérieux.

LE TITRE DU LIVRE

Le *Dictionnaire Larousse* dit que « Genèse » vient du latin *genesis* qui veut dire : naissance.

Le dictionnaire biblique dit que « Genèse » vient du grec *genesis* qui signifie : origine.

La Genèse est, en effet, le livre de la naissance de l'humanité et des origines du monde que nous connaissons.

La Genèse peut être mise en contraste avec l'Apocalypse qui est un livre de la fin.

Les Juifs appelaient la Genèse : « Au commencement ».

LE SEIGNEUR JÉSUS A FAIT RÉFÉRENCE À LA GENÈSE

Le Seigneur Jésus a basé son enseignement sur plusieurs récits de la Genèse. Il a, entre autres, confirmé :

- le récit de la création de l'homme et de la femme (Mt 19.4-6)

La Genèse - Introduction et résumé

- le meurtre d'Abel (Lu 11.51)
- le déluge (Mt 24.37-39 ; Lu 17.26,27)
- la destruction de Sodome (Lu 17.28,29)
- le jugement de la femme de Lot (Lu 17.32)
- la circoncision des patriarches (Jn 7.22,23)

Il a aussi, sans doute, fait référence au récit de la chute, sans que le nom soit mentionné, lorsqu'il a dit que le diable est meurtrier dès le commencement et le père du mensonge (Jn 8.44).

Il a cité les noms d'Abraham, d'Isaac et de Jacob comme des personnages historiques (Mt 22.32 ; Jn 8.56-58).

À maintes reprises, il a parlé de Moïse et de la loi de Moïse (Mt 19.8 ; Mc 7.10 ; Jn 5.45,46 ; 7.19). Il a fait plusieurs fois référence à des récits du temps de Moïse et les a mentionnés comme étant des faits historiques authentiques (Mc 12.26 ; Jn 3.14 ; 6.32).

LE LIVRE DES ORIGINES

On a dit que le temps est une parenthèse dans l'éternité. L'Apocalypse nous parle du jour éternel où le temps ne sera plus. La Genèse nous révèle le temps qui sort de l'éternité.

Comme son nom l'indique, nous y trouvons les origines :

- de la terre et de l'homme
- du péché dans le jardin d'Éden
- de la souffrance et de la mort
- de la violence et du crime
- de l'industrie et des arts
- de la polygamie
- des peuples et des races

- des langues et dialectes
- du peuple d'Israël
- etc.

LE LIVRE DES COMMENCEMENTS

La Genèse est aussi le préambule inspiré des interventions de Dieu à l'égard de l'humanité. Nous y trouvons :
- ses premières promesses (Ge 3.15 ; 8.21,22 ; 12.1-3)
- ses premiers témoins (Ge 4.4 ; 5.24 ; 6.8-9)
- ses premiers jugements (Ge 3.14-19 ; 7.21-23 ; 11.6-9 ; 19.24,25)
- ses premières alliances (Ge 9.8-17 ; 17.3-14)
- ses premiers engagements envers Israël (Ge 12.2,3 ; 15.18-21 ; 48.21 ; 50.24)
- ses premières annonces concernant la venue d'un Sauveur (Ge 3.15 ; 12.2,3 ; 22.15-18 ; 49.10)

LES GÉNÉALOGIES

Au chapitre 5, nous avons la première d'une suite de généalogies qui méritent d'être étudiées. D'où viennent-elles ? Aucun de ceux qui connaissent un peu la pensée hébraïque n'imagine qu'elles ont été inventées : les savants admettent généralement leur antiquité. On ne peut s'en servir pour fixer des dates (les livres postérieurs ne le font jamais).

Leur but est d'enseigner des leçons spirituelles, dont la plus importante est que Dieu reste fidèle envers les héritiers de la promesse.

Luc fait remonter jusqu'à Adam la filiation naturelle de Jésus ; Matthieu suit la lignée royale jusqu'à Abraham. Dans cette généalogie, des noms sont manifestement omis pour que la

La Genèse - Introduction et résumé

liste se divise en trois groupes de quatorze noms. Il se peut ainsi que ce chapitre 5 ne nous fournisse qu'une sélection des noms principaux. (Extrait du Nouveau Manuel de la Bible – page 135)

LES DEUX GRANDES DIVISIONS DU LIVRE

Chapitres 1 à 11

4 événements : la création, la chute, le déluge et la tour de Babel

Chapitres 12 à 50

4 hommes : Abraham, Isaac, Jacob et Joseph

Tout le contenu de la Genèse gravite autour de ces 4 événements et de ces 4 personnages importants.

LA GRANDE LEÇON DU LIVRE

Toute la Bible nous confirme ce grand principe : Dieu est souverain dans la création, dans l'histoire et dans la rédemption.

En reprenant les grandes divisions du livre, nous pouvons établir le tableau suivant :

Chapitres 1 à 11

- la souveraineté de Dieu dans la création du monde matériel
- la souveraineté de Dieu dans la mise à l'épreuve de l'homme
- la souveraineté de Dieu dans l'histoire du déluge
- la souveraineté de Dieu dans la distribution des races

Chapitres 12 à 50

- la souveraineté de Dieu dans l'appel d'Abraham
- la souveraineté de Dieu dans la naissance d'Isaac
- la souveraineté de Dieu dans ses relations avec Jacob
- la souveraineté de Dieu dans l'histoire de Joseph

CONTENU DU LIVRE (DANS LES GRANDES LIGNES)

<u>Chapitres 1 et 2</u>
- la création

<u>Chapitres 3 à 6</u>
- la chute et le monde antédiluvien

<u>Chapitres 7 et 8</u>
- le déluge

<u>Chapitres 9 à 11</u>
- la bénédiction de Noé et l'origine des peuples

<u>Chapitres 12 à 25</u>
- l'histoire d'Abraham

<u>Chapitres 21 à 28</u>
- l'histoire d'Isaac

<u>Chapitres 27 à 35</u>
- l'histoire de Jacob (Chapitre 36 : descendance d'Ésaü)

<u>Chapitres 37 à 50</u>
- l'histoire de Joseph et derniers jours de Jacob

La Genèse couvre une période d'environ 2 400 ans.

Dans le livre de la Genèse, comme dans tout le reste de la Bible, les récits sont choisis non pas en raison de leur valeur propre ou leur importance politique, mais à cause de leur relation avec le grand plan rédempteur de Dieu, et de la lumière qu'ils jettent sur ses rapports avec l'homme. (Le Nouveau Manuel de la Bible, page 133)

COMPARAISONS ET CONTRASTES

La Genèse — le livre des commencements		L'Apocalypse — le livre de la fin	
	Le passé révélé à Moïse		Le futur révélé à Jean
	Un livre historique		Un livre prophétique
1.1	Dieu créa les cieux et la terre	21.1	Le premier ciel et la première terre ont disparu
1.5	Dieu appelle les ténèbres nuit	22.5	Il n'y aura plus de nuit (dans la nouvelle Jérusalem)
1.10	Dieu appelle l'amas des eaux mers	21.1	La mer n'est plus
1.14	Les astres pour marquer les époques sur la terre	6.12,13 ; 8.12 ; 16.8	Les astres en relation avec l'époque du jugement sur la terre
1.16	Le soleil pour présider au jour et la lune à la nuit	21.23	Plus besoin du soleil ni de la lune pour éclairer
1.26,27 ; 2.21-24	Le premier homme et sa femme	19.6-9 ; 21.9	Le second homme et son épouse
1.26-27	L'homme créé à l'image de Dieu (créature tripartite)	chap. 13 ; 20.10	L'homme à l'image de Satan (trinité diabolique)

COMPARAISONS ET CONTRASTES (suite)

La Genèse — le livre des commencements		L'Apocalypse — le livre de la fin	
2.10-14	Un fleuve pour la bénédiction de la terre	22.1,2	Un fleuve pour la bénédiction de la nouvelle terre
chap. 3	L'entrée du péché dans ce monde	20 – 22	Le développement final et la fin du péché
chap. 3	Un jardin où l'homme a déshonoré Dieu	21.10, 24-27	Une ville où les nations apporteront leur gloire, où Dieu est glorifié
3.1-5	Satan, la cause du péché originel	20.7-10	Satan, sa dernière séduction et sa fin
3.7	L'homme nu	6.11 ; 7.9,13 ; 19.8	L'homme revêtu d'une robe blanche
3.14,17	La malédiction prononcée	22.3	Plus de malédiction
3.22-24	L'homme chassé du paradis terrestre et empêché de manger de l'arbre de vie	2.7 ; 22.2,14	L'homme régénéré habitant le paradis de Dieu et ayant le droit de manger de l'arbre de vie
4.8,9	Le premier meurtrier et menteur (Caïn)	21.8 ; 22.15	Tous ceux-là jetés dans l'étang de feu et de soufre
4.19	Le premier polygame (Lémec)		
9.20,21	Le premier homme ivre (Noé)		

COMPARAISONS ET CONTRASTES (suite)

La Genèse — le livre des commencements		L'Apocalypse — le livre de la fin	
3.16	La première mention de la souffrance et de la douleur Première mort (4.8) Premières larmes (23.2) Premiers cris (27.34)	21.4	Dieu essuiera toute larme de leurs yeux et la mort ne sera plus, et il n'y aura plus ni deuil, ni cri, ni douleur…
4.17	La première ville construite par l'homme rebelle	21.10	Une ville sainte qui descend du ciel d'auprès de Dieu
4.20-22	Le début des arts, de la science et du commerce	18	La fin de la civilisation et du commerce le plus prospère
11.4-9	La construction de Babylone (une ville et une tour)	17.5	La destruction de Babylone (une ville et une religion)
22.7,8	« Où est l'agneau…? » - Dieu se pourvoira lui-même de l'agneau	5.12 (cf. Jn 1.29,36) 22.3	L'Agneau qui a été immolé est digne… L'Agneau sera dans la ville, ses serviteurs le serviront et verront sa face

ESQUISSE DU LIVRE DE LA GENÈSE

Le tableau ci-dessous a pour but de montrer très brièvement le contenu historique du livre de la Genèse en un coup d'œil, et éventuellement de le mémoriser.

Chapitre	Sujet principal du ou des chapitres
1,2	La création
3	La chute
4	Caïn et Abel, descendance de Caïn
5	Descendance d'Adam par Seth jusqu'à Noé
6 – 9	Noé et le déluge
10	Descendance des 3 fils de Noé : Sem, Cham et Japhet
11	La tour de Babel, descendance de Sem jusqu'à Abraham
12 – 25	Histoire d'Abraham
22	Le sacrifice d'Isaac
24	Le mariage d'Isaac
25 – 28	Histoire d'Isaac (sa mort, chap. 35.27-29)
27 – 37 et 46 – 50	Histoire de Jacob
29,30	Arrivée de Jacob chez Laban, naissance des patriarches
38	Histoire de Tamar (Mt 1.3)
37 – 50	Histoire de Joseph
49	Bénédictions prophétiques et mort de Jacob
50	Funérailles de Jacob et la fin de Joseph

Le Saint-Esprit met souvent deux hommes en contraste :
- Caïn et Abel
- Lémec et Noé
- Abraham et Lot
- Ismaël et Isaac
- Ésaü et Jacob

Questionnaire
sur la Genèse

1. Que signifie le mot « Genèse » ? _____

2. Comment les Juifs appelaient-ils la Genèse ? _____

_____

3. Nommez 7 comparaisons ou contrastes entre la Genèse et l'Apocalypse :

_____

_____

_____

_____

_____

_____

Le Pentateuque - Esquisse de ses enseignements

4. Indiquez où se trouvent mentionnés, par le Seigneur Jésus, ces récits de la Genèse :

_____ le récit de la création
_____ le meurtre d'Abel
_____ le déluge
_____ la destruction de Sodome
_____ le jugement de la femme de Lot
_____ la circoncision des patriarches

5. Où se trouve la première promesse de la Bible et qui concerne-t-elle ?

_____

_____

6. Quelles sont les 2 grandes divisions de la Genèse et comment peut-on les résumer ?

_____

_____

7. La Genèse couvre une période d'environ _____ ans.

La Genèse (Questionnaire)

8. Pouvez-vous exprimer, en quelques mots, le résumé de ces chapitres ?

Chapitres 1 et 2

Chapitres 3 à 6

Chapitres 7 et 8

Chapitres 9 et 11

Chapitres 12 à 25

Chapitres 26 et 27

Chapitres 28 à 36

Chapitres 37 à 50

L'Exode

Le mot « exode » dérive du grec *exodos* et veut dire « sortie », « départ ». Dans le langage courant, il signifie une émigration en foule, le déplacement d'un peuple.

« Exode » résume très bien le contenu de ce livre qui rapporte la délivrance du peuple d'Israël, d'où il était esclave, et sa sortie d'Égypte par la puissance de son Rédempteur. C'est l'accomplissement de Genèse 15.13,14 ; 46.3,4 ; 50.24.

Ce titre, pour désigner le deuxième livre de Moïse, vient de la version grecque des *Septante* (LXX). Il est tiré de l'expression, souvent répétée, « sortir d'Égypte » (7.5 ; 12.31,41,42 ; 13.3,4,8 ; 14.8 ; 16.1 ; 19.1 ; 23.15 ; 32.12 ; 34.18 ; dans la version *Darby* : 6.6,7 ; 16.3)

La version des *Septante* est une traduction grecque de l'Ancien Testament (écrit en hébreu, à part quelques passages en araméen, appelé aussi chaldéen, idiome voisin de l'hébreu). La version des *Septante* date du IIIe et du IIe siècle avant Jésus-Christ. Elle tire son nom du fait que 72 érudits juifs ont fait ce travail. C'est la plus ancienne et la plus célèbre des traductions de la Bible. La plupart des citations de l'Ancien Testament contenues dans le Nouveau Testament en sont tirées.

Le Pentateuque - Esquisse de ses enseignements

L'EXODE EST LE LIVRE DE LA RÉDEMPTION

Lire 6.6 et 15.13 dans la version *Darby*.
Relevez la note 1 à la page 80 de la Bible avec commentaires de C. I. Scofield qui commentent Ex 6.6.

La mort du Seigneur Jésus, notre rédemption, est appelée « son départ », littéralement « son exode » (grec : *exodos*) dans Luc 9.31.

Le nom de Dieu, comme Rédempteur de son peuple, JAH (abrégé de Yahvé ou Jéhovah) se trouve pour la première fois dans Exode 15.2 (version *Darby*).

Dans le second livre des Psaumes, qui correspond à l'Exode (Ps 42-72) et qui a beaucoup à dire sur la délivrance d'Israël, le nom de JAH est aussi mentionné (Ps 68.4,18 – version *Darby*)

Dans le texte original hébreu, les cinq livres de Moïse n'ont pas de titre, mais les premiers mots servent d'en-tête. Le deuxième livre est donc désigné par les mots « Voici les noms » (1.1).

En effet, dans les Saintes Écritures, la faveur de Dieu et la rédemption sont rattachées à des noms (33.12,17 ; Ésaïe 43.1 ; Jn 10.3). Dans le récit du mauvais riche et de Lazarre, le nom du premier n'est pas donné parce qu'il est sans importance, alors que celui du pauvre, mais croyant, est relevé parce qu'il appartient au Seigneur (Lu 16.19,20 – *cf.* Lu 10.20 ; Ph 4.3 ; Ap 20.15). Voyez aussi les noms et les vêtements sacerdotaux (28.9-12,15-21 ; 39.6-14).

CHRONOLOGIE ET DÉMOGRAPHIE

Entre la fin de la Genèse et le début de l'Exode, il y a approximativement 4 siècles et demi. Depuis la descente de Jacob en Égypte et la sortie du peuple, 430 ans se sont écoulés (Ex 12.40,41 ; Ge 15.13,14 ; Ac 7.6,7).

Pendant cette période, les Israëlites avaient proliférés (1.7). À la sortie d'Égypte, il y avait 603 550 hommes de 20 ans et plus (No 1.45,46). Cela donne un total d'environ 3 millions de personnes.

En partant de 70 personnes, lors de la descente de Jacob en Égypte (Ge 46.27) pour atteindre ce nombre en 430 ans, il fallait que la population double tous les 25 ans environ, ce qui est facilement réalisable.

COMPARAISONS ET CONTRASTES AVEC LA GENÈSE

La Genèse commence par « Au commencement » et se termine par « un cercueil en Égypte ». Entre les deux, nous apprenons la chute et la faillite de l'homme.

L'Exode commence par nous décrire l'esclavage du peuple d'Israël en Égypte (figure du monde où Dieu n'est pas connu) et termine par la gloire de Dieu qui descend sur le tabernacle dans le désert (image du Seigneur Jésus, présent parmi son peuple étranger dans ce monde).

Notez le contraste entre le premier chapitre de la Genèse qui nous parle de l'ordre, de l'harmonie et de la beauté de la création sortie des mains de Dieu ; et l'Exode qui débute par la souffrance et l'esclavage, conséquence de la méchanceté de l'homme dominé par le péché.

Rappelons-le, l'Exode est le livre de la rédemption. Le thème de la Genèse est l'élection. Le peuple que Dieu a choisi dans la Genèse est maintenant appelé, délivré et rassemblé. C'est le début de l'histoire de la nation d'Israël.

Dans la Genèse, Dieu a des relations avec des individus. Dans l'Exode, Dieu s'occupe d'un peuple.

CONTENU DU LIVRE

Chapitres 1 à 19
- surtout narratifs (historiques)

Chapitres 20 à 40
- surtout législatifs (excepté chapitres 32 et 33)

Chapitres 1 à 18
- la sortie d'Égypte – pourquoi, comment et après

Chapitres 19 à 24
- la loi – Israël mis à l'épreuve

Chapitres 25 à 40
- le tabernacle (parenthèse ch. 32 et 33, le veau d'or)

La rédemption → Dieu accorde la liberté
La loi → Dieu enseigne la responsabilité
Le tabernacle → Dieu montre les privilèges

LA MAIN DE DIEU SE MANIFESTE
(Notez chaque fois la lettre « P »)

En préservant son peuple de l'anéantissement (ch. 1)
En préparant Moïse comme conducteur de son peuple (ch. 2 à 6)
En punissant ceux qui s'opposent à ses desseins (ch. 7 à 12)
En pourvoyant à la rédemption de son peuple (ch. 12 et 13)
En protégeant son peuple dans le désert (ch. 14 à 40)

L'Exode

LA SOUVERAINETÉ DE DIEU EST RÉVÉLÉE :

à Moïse
- en lui faisant connaître ses plans pour la rédemption de son peuple

à Pharaon
- en lui montrant sa puissance en jugement

à Israël
- en le délivrant de l'esclavage et en faisant de lui un peuple privilégié, mais aussi responsable

RÉSUMÉ DE L'ENSEIGNEMENT DE L'EXODE

Chapitres 1 et 2
- **L'ennemi de Dieu** et l'esclavage du peuple de Dieu

Chapitres 3 à 18
- **La puissance de Dieu** dans la rédemption de son peuple, le jugement de l'ennemi et l'éducation de son peuple

Chapitres 19 à 24
- **La sainteté de Dieu** exprimée dans la loi :
    - les commandements gouvernent la vie morale
    - les jugements gouvernent la vie sociale
    - les ordonnances gouvernent la vie religieuse

Chapitres 25 à 40.33
- **La sagesse de Dieu** : le tabernacle et les sacrifices permettant à un Dieu saint d'habiter au milieu d'un peuple racheté, mais encore pécheur

Chapitre 40.34-38
- **La gloire de Dieu** : la nuée descend, symbole de la présence de Dieu au milieu de son peuple

L'EXODE ET LE NOUVEAU TESTAMENT

L'Exode est comme un livre d'images qui illustrent plusieurs aspects de la vérité révélée dans le Nouveau Testament.

Dans les épîtres de Pierre, par exemple, il y a de nombreuses références au voyage d'Égypte à Canaan. Le chrétien est aussi un pèlerin, un étranger et un voyageur dans ce monde, devenu pour lui un désert (1 Pi 1.17 ; 2.11). Au départ, nous sommes rachetés par le sang de l'Agneau (1 Pi 1.18,19). Comme Israël, nous devons aussi ceindre nos reins, c'est-à-dire tenir nos esprits prêts à l'action (1 Pi 1.13). Les chrétiens sont aussi une race élue, un sacerdoce royal, une nation sainte, un peuple acquis (1 Pi 2.9). Nous formons une maison spirituelle, un saint sacerdoce qui rappellent le tabernacle dans le désert. Nous n'offrons plus d'offrandes d'animaux, mais des sacrifices spirituels, agréables à Dieu par Jésus-Christ (1 Pi 2.5). Comme Israël était entouré d'ennemis, nous sommes aussi appelés à rendre un bon témoignage parmi le monde ennemi de Dieu (1 Pi 2.12). Comme Israël, nous sommes en route vers notre héritage (1 Pi 1.3,4). Israël avait la colonne de feu pour l'éclairer pendant la nuit ; nous avons la parole prophétique qui brille dans un lieu obscur (2 Pi 1.19). Nous attendons aussi d'arriver au pays promis. Si nous sommes fidèles, l'entrée dans le royaume éternel de notre Seigneur Jésus-Christ nous sera pleinement accordée (2 Pi 1.10,11). On pourrait allonger la liste des comparaisons et des contrastes.

Ce n'est qu'après la rédemption accomplie que Dieu veut rassembler les enfants d'Israël et habiter au milieu d'eux (25.8 ; 29.45). Dans le Nouveau Testament, nous apprenons que le rassemblement des saints, dans la simplicité, autour du Seigneur, est aussi précieux à son cœur. « Rassemblez-moi mes fidèles, qui ont fait alliance avec moi par le sacrifice ! » (Ps 50.5) Cela s'applique aussi bien à notre dispensation qu'à celle de la loi.

L'Exode

Trouvez le temps d'étudier le tabernacle et son enseignement spirituel, si riche pour nous aujourd'hui. Il représente l'ombre des choses célestes (Hé 8.1-6 ; Hé 9 – 10.18).

ANCIEN TESTAMENT
1 Co 10.6,10

ÉGYPTE

Servitude — Ex 1.11-14 ; 2.23 ; 5.15-18
Souffrance — Ex 3.7-9,17
Ignorance — Ex 3.13-15
Idolâtrie — Éz 20.5-8
Oubli de Dieu — Ps 106.7
Méchanceté — Ex 18.11 ; Né 9.10
Mort — Ex 1.15-22

Mer Rouge
Délivrance de l'esclavage
Ennemi derrière

DÉSERT

Comparez De 1.2 et No 14.33
Cause : « La peine de vos infidélités »
A.T. 40 ans dans le désert
N.T. intervalle pas nécessaire
Mer Rouge et Jourdain peuvent être une expérience simultanée

Cantique des rachetés — Exode 15
mais…
Murmures — Ex 15.24 ; 16.2,7,9,12 ; 17.3 ; No 11.1 ; 14.2,27,29,36 ; 16.11,41 ; De 1.27 ; 1 Co 10.10
Mauvais désirs (convoitise) — No 11.4,34 ; Ps 106.14
Désobéissance — Ex 16.20,28
Querelles — Ex 17.2 ; No 20.3
Jalousie — No 12.1-8
Orgueil — De 17.12,13 ; Né 9.16
Rébellion — Né 9.17 ; De 9.24
Révolte — No 26.9 ; Éz 20.8,13
Oubli de Dieu — Ps 106.21
Incrédulité — Ps 106.24
Idolâtrie — Ex 32 ; Éz 20.8
Impudicité (débauche) — No 25.1-9

Jourdain
Entrée dans la bénédiction
Ennemi devant

CANAAN

« Le plus beau de tous les pays »
Éz 20.6,15 ; Da 8.9 ; 11.16,41
Abondance — Ex 3.8,17 ; No 14.8 ; De 11.9
Satisfaction — Ps 106.24
Fertilité — No 13.27 ; De 11.10-15
Victoire et liberté — De 11.23-25
Repos et sécurité — De 12.10
Séparation — Lé 20.24,26

« Tout lieu que foulera la plante de votre pied sera à vous » — De 11.24 ; Jos 1.3

Il faut combattre pour entrer dans le repos.

Vision : Jos 5.13-15

Pour fortifier la foi :

Dieu manifeste sa présence

Épée nue = prêt au combat

Ôte tes souliers = révérence due à la présence de Dieu

Ce que la croix signifie pour moi
J'ai été crucifié avec Christ. Ga 2.20
Je suis mort avec Christ. Ro 6.8 ; Col 3.3
Je dois me considérer mort au péché. Ro 6.11
SANCTIFICATION

Le plan de Dieu :
Délivrer son peuple et lui donner un héritage
Ex 3.8-10

Avoir un peuple qui lui rende un culte
Ex 13.5-10 ; De 26.1-11

Comment :
Par la puissance de Dieu — Ex 13.14,15 ; De 4.34 ; 5.15 ; 7.18,19 ; 11.2

Par la rédemption (agneau immolé) — Ex 12

Dieu laisse subsister Pharaon pour que sa puissance soit manifestée
Ex 9.14-16 ; 10.1,2 ; 11.9

Ce que la croix signifie pour Christ
Il a pris ma place. És 53.4,5
Il est mort pour moi. Ro 5.6-8
Il est devenu péché pour moi. 2 Co 5.21
SUBSTITUTION

Questionnaire
sur l'Exode

1. Que signifie le mot « exode » ? _____

2. Comment les Juifs appelaient-ils ce second livre de Moïse ?
_____

3. Combien de temps s'est-il écoulé depuis la descente de Jacob en Égypte à la sortie du peuple ? (voir Ge 15.13,14 ; Ex 12.40,41 ; Ac 7.6,7) _____

4. Combien de personnes descendirent en Égypte avec Jacob ? _____

5. Et combien étaient-ils lorsqu'ils sortirent d'Égypte ? _____
(voir Ge 46.27 ; Ex 1.7 ; No 1.45,46)

6. Les chapitres 1 à 19 sont surtout _____.
   Les chapitres 20 à 49 sont _____ exceptés les chapitres _____ qui rapportent le récit du _____.

7. Trois enseignements du livre de l'Exode
   La rédemption = c'est Dieu qui accorde la _____
   La loi = Dieu enseigne la _____
   Le tabernacle = Dieu montre les _____

8. Complétez les phrases ci-dessous par un participe présent commençant par la lettre « **P** ».
   La main de Dieu s'est manifestée en…

   _____ son peuple de l'anéantissement (ch 1)

   _____ Moïse comme conducteur de son peuple (ch. 2 à 6)

   _____ ceux qui s'opposent à ses desseins (ch. 7 à 12)

   _____ à la rédemption de son peuple (ch. 12 et 13)

   _____ son peuple dans le désert (ch.14 à 40)

L'Exode et le Nouveau Testament

9. L'Exode est un livre d'images qui illustrent plusieurs aspects de la vie chrétienne. Dans les épîtres de Pierre, il y a de nombreuses allusions, comparaisons et contrastes avec le peuple d'Israël et le voyage d'Égypte à Canaan. Indiquez les références.

- Au départ, nous sommes rachetés par le sang de l'Agneau.
  1 Pierre _____

L'Exode (Questionnaire)

- Le chrétien est aussi un pèlerin, un étranger et un voyageur dans ce monde.
1 Pierre _____ _____

- Comme Israël, nous devons « ceindre nos reins », c'est-à-dire discipliner nos pensées et tenir nos esprits prêts à l'action.
1 Pierre _____ (*cf.* Ex 12.11)

- Comme Israël, nous sommes « un royaume de sacrificateurs et une nation sainte »
1 Pierre _____ (*cf.* Ex 19.5,6)

- En contraste avec l'Ancien Testament, nous n'offrons plus de sacrifices sanglants (animaux), mais des sacrifices spirituels (adoration).
1 Pierre _____

- Comme Israël avait la colonne de feu pour l'éclairer pendant la nuit, nous avons la parole prophétique qui brille dans un lieu obscur.
2 Pierre _____

- Nous attendons aussi d'arriver au pays promis. Si nous sommes fidèles, l'entrée dans le royaume éternel de notre Seigneur et Sauveur Jésus-Christ nous sera pleinement accordée.
2 Pierre _____

Le Lévitique

Le titre que nous avons dans nos bibles vient de la version des *Septante* (3 siècles avant Jésus-Christ). Il laisse sous-entendre que ce livre donne des instructions pour les Lévites seulement. Ces derniers ne sont pourtant mentionnés qu'une seule fois (25.32-34).

Dans le texte hébreu, ce troisième livre de Moïse est intitulé « Et il appela » comme il débute. Cette désignation correspond mieux au contenu de ce livre qui nous montre que le Dieu rédempteur appelle son peuple à s'approcher de lui.

Toutefois, vivre en communion avec un Dieu saint, entrer dans sa présence et l'adorer exigent la sainteté pratique et une purification continuelle de l'âme et du corps.

PARTICULARITÉ

La presque totalité du Lévitique est constituée par des paroles sorties de la bouche de Dieu. L'expression « L'Éternel parla à Moïse » se retrouve environ 40 fois dans les 27 chapitres.

Plusieurs pages nous décrivent le culte prescrit par Dieu. Aucun autre livre de la Bible ne contient une aussi grande proportion de paroles venant directement de Dieu. Le Lévitique ne renferme que quelques rares récits (10.1-7 ; 24.10-14,23).

Nous devons donc aborder le Lévitique avec tout le respect et le sérieux qui convient, car Dieu ne parle pas en vain. « Gardez-vous de refuser d'entendre celui qui parle » (Hé 12.25).

DIFFICILE AU PREMIER ABORD, MAIS IMPORTANT

Le Lévitique est, pour beaucoup, le livre de la Bible le plus difficile à lire et à comprendre. C'est un livre ignoré de trop de chrétiens.

Cependant, avec un peu d'aide, c'est un livre très intéressant et enrichissant pour nous aujourd'hui. C'est un livre d'images qui font comprendre le Nouveau Testament.

Cependant, l'importance du Lévitique est telle qu'on peut le considérer comme la clé de l'Ancien Testament. Nous devons comprendre la religion juive si nous voulons saisir la portée de l'Épître aux Hébreux.

Il faut lire le Lévitique à la lumière du Nouveau Testament et se souvenir que la clé de toutes les Écritures est le Seigneur Jésus lui-même (Lu 24.27,44,45).

L'étude du Lévitique nous permet de mieux comprendre et apprécier l'œuvre de la croix et, par conséquent, mieux adorer celui qui a entièrement satisfait le cœur de Dieu par sa vie et par sa mort, en accomplissant l'œuvre nécessaire à notre réconciliation avec un Dieu saint.

Sous une forme imagée, nous avons un enseignement très riche de l'adoration que Dieu s'attend de recevoir, aujourd'hui,

Le Lévitique

en esprit et en vérité (Jn 4.22-24). Trop souvent, nous restons à la surface et ne retirons de la Parole que peu de chose. Il faut creuser si nous voulons saisir « les choses profondes de Dieu » (1 Co 2.10).

MOTS ET EXPRESSIONS CLÉS

Les mots « sacrificateurs », « sacrifice », « sang » et « offrande » sont très fréquents.

Le mot « saint » (ou ses dérivés) se rencontrent au moins 70 fois.

Les mots « expiation » et « expiatoire » sont retrouvés plus de 100 fois.

La phrase « Je suis l'Éternel qui vous sanctifie » se retrouve plusieurs fois (20.8 ; 21.8,15,23 ; 22.9,16,32).

« Vous serez saints, car je suis saint » est aussi une expression propre à ce livre (11.44,45 ; 19.2 , 21.8). Le texte de 20.26 précise : « Vous serez saints pour moi, car je suis saint, moi, l'Éternel ; je vous ai séparés des peuples, afin que vous soyez à moi ». (Voir 1 Pi 1.15-16)

Tout devait être saint : le peuple, les sacrificateurs et leurs vêtements, le tabernacle et ses ustensiles, les offrandes et les fêtes.

CONTENU DU LIVRE

Les longues esquisses des livres de la Bible sont difficiles à retenir, ainsi il est bon d'avoir un plan plus simple qu'on peut mémoriser.

Le livre du Lévitique se compose de 2 grandes sections :

Chapitres 1 à 10
Comment entrer en relation avec un Dieu saint ?
L'accès à Dieu par les différents sacrifices.

Chapitres 11 à 27
Comment rester en communion avec un Dieu saint ?

S'approcher de Dieu requiert la sainteté et la pureté de l'âme et du corps. On peut diviser ces 2 grandes sections comme suit :

1. Comment entrer en relation avec un Dieu saint

Chapitres 1 à 5
Les 5 sacrifices
  - Les 3 premiers présentent le point de vue de Dieu.
  - Les 2 derniers présentent le point de vue de l'homme.

Chapitres 6 et 7
Les lois concernant les sacrifices et les devoirs des sacrificateurs en relation avec les sacrifices.

Chapitres 8 à 10
La convocation, la consécration et le comportement des sacrificateurs.

2. Comment rester en communion avec un Dieu saint

Chapitres 11 à 15
L'aspect physique (vis-à-vis de soi-même)
Lois concernant la pureté : de la nourriture, de la maternité, de la lèpre, des corps (hommes et femmes), des maisons et des habitudes.

Chapitres 16 et 17
L'aspect spirituel (vis-à-vis de Dieu)
Le grand jour des expiations, le lieu où offrir des sacrifices et la signification du sang

Chapitres 18 à 22
L'aspect moral (vis-à-vis des autres)
Les relations humaines d'un peuple racheté et qui doit être séparé de tout ce qui est contraire à la nature de Dieu.

Chapitre 23
Les 7 fêtes de l'Éternel

Chapitres 24 à 27
La Parole de Dieu appliquée
Les ordonnances, les lois sociales et religieuses doivent être mises en pratique et Dieu fixe des conditions à la bénédiction.
- Obéir à ce que Dieu a ordonné
- Observer ce que Dieu a organisé
- Ôter le méchant qui a osé outrager Dieu

LES SACRIFICES (OU OFFRANDES) : UNE ÉTUDE À FAIRE

Vous serez enrichis et fortifiés dans votre vie spirituelle en étudiant les divers sacrifices des chapitres 1 à 7. Ils nous parlent tous de la personne bénie du Seigneur Jésus.

Les 3 premiers sacrifices nous présentent le côté de Dieu. Ils sont volontaires et d'une agréable odeur à l'Éternel.

Les 2 derniers sacrifices présentent le côté de l'homme. Ils sont nécessaires, mais ce n'est pas indiqué qu'ils étaient d'une odeur agréable.

Notre progrès dans leur compréhension va dans le sens inverse de leur énumération.

LES SACRIFICES D'UNE AGRÉABLE ODEUR
(OFFERTS VOLONTAIREMENT)

Chapitre 1

L'holocauste, la mort volontaire du Seigneur Jésus-Christ, comme un sacrifice de bonne odeur, agréable à Dieu (Ép 5.2). On peut le comparer à l'Évangile selon Jean où le Seigneur est présenté comme le Fils de Dieu.

Chapitre 2

L'offrande de fleur de farine (appelée aussi l'offrande de gâteau). C'est la vie impeccable du Seigneur Jésus, l'Homme parfait, qui correspond au caractère de l'Évangile selon Luc, où le Seigneur est présenté comme le Fils de l'homme (Lu 3.21,22 ; Mc 7.37). Dans cette offrande, il n'y a pas de sang répandu et elle n'est pas offerte pour être agréée.

Chapitre 3
Le sacrifice d'actions de grâce (appelé aussi sacrifice de prospérité ou sacrifice de paix). Il n'était pas offert pour être agréé de Dieu ou pour être pardonné, mais pour exprimer la communion de l'adorateur avec son Dieu et lui rendre grâce. Il nous fait penser à l'Évangile selon Marc qui nous présente la vie du Serviteur parfait, toujours en communion avec son Dieu (Marc 7.37).

LES SACRIFICES NÉCESSAIRES (À CAUSE DU PÉCHÉ)

Chapitres 4 – 5.13
Le sacrifice pour le péché (aussi appelé sacrifice d'expiation) met l'accent sur la personne coupable (Ro 5.8 ; 2 Co 5.21)

Chapitre 5.14-26
Le sacrifice de culpabilité (aussi appelé sacrifice pour le délit) est offert pour les actes coupables et leur réparation (1 Co 15.3). Ces sacrifices nous rappellent cette parole de l'ange, s'adressant à Joseph, au sujet de celui qui devait venir dans ce monde : « C'est lui qui sauvera son peuple de ses péchés » (Mt 1.21)

Voir Hébreux 10.5-10 où l'on retrouve les 4 sortes de sacrifices.

Nous apprenons par ces sacrifices que Dieu ne peut rien laisser passer, mais qu'il peut pardonner et purifier le péché de celui qui reconnaît sa culpabilité et qui vient à lui par le Seigneur Jésus.

Dieu ne juge pas le péché selon notre estimation, mais selon sa propre mesure. Nous devons donc nous juger dans sa présence, à la lumière de sa Parole.

Dieu nous enseigne aussi que la gravité d'une faute est proportionnelle à la responsabilité de celui qui l'a commise. À mesure que nous avançons en âge et dans la vie chrétienne, notre responsabilité augmente. Ainsi, il nous importe de marcher avec circonspection, non comme des insensés, mais comme des sages (Ép 5.15).

LE GRAND JOUR DES EXPIATIONS

Le chapitre 16, qui nous parle du grand jour des expiations, est au centre du Lévitique. Le souverain sacrificateur, Aaron, est une image du Seigneur Jésus. L'Épître aux Hébreux est un commentaire de ce chapitre.

LES FÊTES DE L'ÉTERNEL

Le chapitre 23 nous décrit les sept fêtes de l'Éternel. Elles commencent et terminent par le sabbat. Ces fêtes sont célébrées pendant les sept premiers mois de l'année juive. Nous allons nous y arrêter un moment. Il en est aussi question dans Deutéronome 16.

Comme toute la Bible, ces fêtes ont une triple interprétation : historique, spirituelle et prophétique.

Elles ont été réellement célébrées en Israël. Elles ont une signification morale et typique pour nous et aussi une portée prophétique (eschatologique).

<u>La Pâque</u> (v. 4,5) rappelait la sortie d'Égypte, mais elle anticipait une délivrance plus grande encore, celle qui nous a été acquise par la mort de Christ sur la croix, base de notre rédemption (1 Co 5.6-8).

La fête des pains sans levain (v. 6-8)
Dans toutes les Écritures, la fête des pains sans levain est étroitement liée à la Pâque. Quiconque dit « croire » au Seigneur Jésus ne saurait continuer à vivre comme avant sa conversion. Le levain est un symbole du mal. La sainteté (l'absence de levain) est une preuve et une condition de notre communion avec Dieu.

Cette fête peut nous parler aussi du Seigneur Jésus, l'homme parfait, nourriture du croyant.

La gerbe des prémices (v. 9-14)
La Pâque et la fête des pains sans levain pouvaient être célébrées dans le désert, mais il fallait être entré dans le pays pour apporter à l'Éternel la gerbe des prémices. Pour nous, « entrer dans le pays », dans ce sens-là, ne signifie pas le ciel, mais la vie de communion où nous jouissons de la communion avec le Seigneur et de « la puissance de sa résurrection » qui nous apporte l'abondance spirituelle.

Cette fête symbolise « Christ ressuscité des morts, prémices de ceux qui sont morts » (1 Co 15.20). Il est la garantie de notre propre résurrection.

La Pentecôte (v. 15-22)
Ce mot, qui vient du grec, signifie « cinquantième ». Il a été donné à cette fête, car elle était célébrée 50 jours après la fête des prémices. On l'appelle aussi : la fête des semaines ou la fête de la moisson.

Elle préfigure la descente du Saint-Esprit comme nous le rapporte le chapitre 2 du livre des Actes. Nous voyons dans l'Écriture que le baptême du Saint-Esprit n'est pas une expérience individuelle que nous devons rechercher, mais plutôt un fait historique. L'apôtre Paul dit : « Nous avons tous, en effet, été baptisés dans un seul Esprit, pour former un seul corps, soit Juifs, soit Grecs » (1 Co 12.13). Les deux pains, agités de côté et d'autre, sont une image des Juifs et des Gentils qui sont unis dans un seul corps. Ces pains étaient cuits avec du levain, car l'Église est encore imparfaite dans ce monde.

La fête des trompettes (v. 23-25)
Cette fête peut nous parler du réveil spirituel dont nous avons besoin. Dieu veut toujours nous garder réveillés, alors que la lassitude nous gagne si facilement. « Heureux le peuple qui connaît le son de la trompette » (Ps 89.16). La Parole et le Saint-Esprit sont les deux facteurs du réveil.

Prophétiquement, cette fête préfigure le rassemblement d'Israël dans son pays, avant le règne messianique (le millénium).

Le jour des expiations (ou propitiations) (v. 26-32)
Nous en avons parlé en examinant le chapitre 16. Prophétiquement, cette fête préfigure la grande tribulation et la repentance d'Israël avec Christ comme Souverain Sacrificateur pour bénir son peuple.

La fête des tabernacles (v. 33-44)
C'est la septième et dernière des fêtes. Elle avait lieu après la moisson et la vendange ; elle nous parle, par conséquent, de repos. Nous, chrétiens, attendons aussi le repos éternel dans la maison du Père auprès du Seigneur. Par la foi, nous pouvons déjà jouir de ce repos.

Prophétiquement, cette fête nous parle du millénium et de la bénédiction terrestre d'Israël qui se réjouira dans son pays restauré et autour de son Messie. En ce jour-là, Israël comprendra ces choses aujourd'hui cachées à ses yeux. Le voile sera ôté (2 Co 3.14-16).

Le sabbat est mentionné au début et à la fin de ce chapitre (v. 3 et 38), sans toutefois faire partie des fêtes annuelles.

Au début de la Genèse, nous lisons que Dieu se reposa de toute son œuvre. Il s'agit d'un repos de satisfaction. Cependant, le péché a interrompu ce divin repos. Le Seigneur Jésus a dit : « Mon Père travaille... et moi je travaille » (Jn 5.17 – version *Darby*). Dieu a trouvé son repos dans l'œuvre de Christ sur la croix et il nous invite de même à jouir déjà de ce repos spirituel (Hé 4.11). Le repos attend aussi cette création qui sera affranchie de la servitude de la corruption pour avoir part à la liberté de la gloire des enfants de Dieu (Ro 8.21). Ce sera enfin le jour du repos dont nous parlent, entre autres, les chapitres 21 et 22 de l'Apocalypse. De même que le repos (c'est ce que signifie le sabbat) est mentionné au début et à la fin de ce chapitre 23 de Lévitique, le repos est souligné au commencement et à la fin de la Bible.

CONCLUSION

Le Lévitique est le livre central du Pentateuque. Il nous enseigne la nécessité du sacrifice et du ministère sacerdotal pour s'approcher de Dieu et rester en communion avec lui.

C'est aussi l'enseignement du Nouveau Testament. Nous avons un Sauveur qui est mort pour nous, et qui, aujourd'hui est un souverain sacrificateur vivant pour nous.

Le message au cœur de ce livre, répétons-le, est la sainteté. Pierre, qui a pour ministère de relier l'Ancien Testament avec le Nouveau, nous dit aussi : « Puisque celui qui vous a appelé est saint, vous aussi soyez saints dans toute votre conduite, selon qu'il est écrit : Vous serez saints, car je suis saint » (1Pi 1.15,16).

Questionnaire
sur le Lévitique

1. Comment les Juifs appelaient-ils ce 3ᵉ livre de Moïse ?
   _____

2. Qu'est-ce qui caractérise ce livre ? _____
   _____

3. Citez 2 phrases qui reviennent souvent dans le Lévitique :
   _____
   _____

4. Quelle est la clé pour comprendre ce livre ?
   _____

Le Pentateuque - Esquisse de ses enseignements

5. Indiquez quelques mots clés du Lévitique :

_____

_____

6. Quelles sont les 2 grandes sections de ce livre ?

Chapitres _____ à _____ = sujet : _____

Chapitres _____ à _____ = sujet : _____

7. Énumérez les différents sacrifices des chapitres 1 à 7 et décrivez brièvement ce dont ils nous parlent :

_____

_____

_____

_____

_____

_____

_____

_____

_____

_____

8. Quel est le chapitre central du Lévitique et quel en est le sujet ?

_____

_____

9. Faites la liste des 7 « fêtes de l'Éternel » dont il est question dans le chapitre _____ :

1. _____

2. _____

3. _____

4. _____

5. _____

6. _____

7. _____

Les Nombres

Cette désignation « Les Nombres » vient des deux dénombrements (ou recensements) du peuple d'Israël qui nous sont rapportés dans ce livre. Le premier eut lieu dans le désert de Sinaï (chapitre 1) et le second dans les plaines de Moab (chapitre 26). Le mot « dénombrement » ou ses équivalents s'y trouve près de 100 fois.

Dans la Bible hébraïque, ce livre porte le titre « Dans le désert ». Cette appellation (qui vient du premier verset) est, en effet, un résumé du contenu de ce livre qui nous rapporte la longue marche du peuple d'Israël dans le désert depuis le 2e mois de la 2e année après la sortie d'Égypte jusqu'au 10e mois de la 40e année (No 1.1 ; De 1.3).

Il faut noter, cependant, que les 38 ans de course errante dans le désert sont presque passés sous silence. Seulement quelques campements et événements significatifs sont mentionnés.

RELATION ET COMPARAISON AVEC L'EXODE ET LE LÉVITIQUE

Dans l'Exode, Dieu délivre son peuple de l'esclavage de l'Égypte et de la puissance de Pharaon.

Dans le Lévitique, Dieu parle à Moïse de la « tente d'assignation » (le sanctuaire) et lui donne les instructions pour le culte et la vie pratique. C'est un livre de lois et d'ordonnances qui concernent les offrandes, les sacrifices et la sanctification du peuple.

Le livre des Nombres est celui du désert. Il commence le récit des événements là où l'Exode termine (voir Ex 40.17 ; No 1.1).

Le livre des Nombres offre un contraste avec celui du Lévitique. Tandis que le Lévitique est un livre de lois et d'ordonnances qui ne rapporte pas les déplacements d'Israël, le livre des Nombres est un livre de mouvements géographiques qui relate les déplacements du peuple.

Les premiers chapitres des Nombres sont législatifs (la loi des Lévites), mais, dans son ensemble, il s'agit d'un livre historique.

MESSAGE DU LIVRE DES NOMBRES

Nous pouvons le résumer comme suit :

1. Le peuple de Dieu est sauvé pour servir
2. L'ordre indispensable pour marcher et servir
3. Attention à l'incrédulité qui gâte tout

Reprenons ces 3 points :

1. Le peuple de Dieu est sauvé pour servir

Remarquez l'ordre significatif dans lequel l'Esprit de Dieu nous enseigne la vérité à travers les 4 premiers livres de la Bible :
Dans la Genèse, l'homme tombe dans le péché ;
Dans l'Exode, le peuple de Dieu est racheté de l'esclavage ;
Dans le Lévitique, les rachetés se sanctifient et adorent ;

Les Nombres

Dans les Nombres, les rachetés sont appelés à servir et à marcher pour Dieu.

Nous vous suggérons d'apprendre par cœur cet ordre et de l'approfondir.

2. L'ordre indispensable pour marcher et servir
Il a été dit que l'ordre est la première loi du ciel, car Dieu n'est pas un Dieu de désordre (1 Co 14.33).

3. Attention à l'incrédulité qui gâte tout
Dans le livre des Nombres, les manquements et les murmures du peuple d'Israël occupent une grande place. Ils sont rappelés dans Ps 78.40-43 ; 95.8-11 ; Es 63.10.

Heureusement, à la fin du livre, grâce à la bonté et la patience de Dieu, le peuple est restauré et victorieux.

Seulement onze journées auraient suffi pour atteindre le but. À cause de l'incrédulité, le peuple dut passer 38 ans dans le désert (voir De 1.2,19 ; 2.14 ; No 14.20-35). Le livre des Nombres nous parle donc de deux générations du peuple d'Israël.

ANALYSE DU LIVRE

1. Service dans le désert (au Sinaï)
   Chapitres 1 à 10
   Durée : 20 jours (No 1.1 ; 10.11)

2. Manquements et murmures dans le désert
   (de Kadès-Barnéa au torrent de Zéred, au sud de la Mer Morte)
   Chapitres 11 à 20 ; 21.4-9 ; 25
   Durée : environ 38 ans (De 2.14)

3. Victoires dans le désert (dans les plaines de Moab)
Chapitres 21.1-3 ; 31.1-35
Durée : environ 9 mois

DIEU NOUS ENSEIGNE PAR L'HISTOIRE

Les récits du livre des Nombres sont très intéressants et pleins de leçons :

Premièrement, Dieu ordonne que son peuple soit dénombré et enregistré (1.2,18). Il fallait ainsi prouver son appartenance au peuple de Dieu, car Dieu veut de l'ordre parmi son peuple.

Le service des Lévites, en relation avec le tabernacle (la maison de Dieu) est réglé avec minutie.

Tout le camp est prêt pour le voyage vers la terre promise et la possession du pays. L'Éternel lui-même allait marcher devant son peuple, le jour dans une colonne de nuée pour le guider et la nuit dans une colonne de feu pour l'éclairer (Ex 13.20-22 ; No 14.14).

Ensuite, nous lisons à propos de la triste histoire des enfants d'Israël qui moururent dans le désert, excepté Caleb et Josué (No 14.20-35).

LE LIVRE DES NOMBRES À LA LUMIÈRE
DU NOUVEAU TESTAMENT

Nous trouvons de nombreuses allusions et références au livre des Nombres dans le Nouveau Testament.

Le Seigneur Jésus a parlé à Nicodème du serpent d'airain (21.9) comme un type de sa mort sur la croix (Jn 3.14).

Balaam (Chapitres 22 à 24) est mentionné par Pierre, Jude et Jean (2 Pi 2.15 ; Jude 11 ; Ap 2.14).

Koré (Chapitre 16) et sa rebellion est utilisé par Jude pour illustrer l'apostasie des derniers jours.

L'Esprit de Dieu, par la plume de l'apôtre Paul, nous invite à considérer sérieusement ces choses qui sont arrivées pour nous servir d'exemples et afin que nous n'ayons pas de mauvais désirs, comme ils en ont eu (1 Co 10.1-14).

Dans Hébreux 3.7-19 et 4.1-7, l'écrivain inspiré réfère à l'expérience du désert, et dans Romains 15.4, nous lisons que ces choses ont été écrites pour notre instruction, afin que par la patience, et par la consolation que donnent les Écritures, nous possédions l'espérance.

Israël est appelé un peuple rebelle et contredisant (Ro 10.21). Les murmures du peuple sont rappelés avec l'exhortation à ne pas murmurer (se plaindre de tout et de rien). Quelle exhortation à propos à notre époque de contestation ! Voyez 1 Co 10.10 ; Ph 2.14 ; 1 Pi 4.9.

LE SERVICE DES LÉVITES

C'est seulement dans les Nombres, le livre du désert, que le service des Lévites est mentionné. Leur responsabilité, dans le service que Dieu leur avait confié, était de prendre soin du tabernacle, type de Jésus-Christ. Aujourd'hui le but du ministère doit toujours être d'exalter la personne de notre Seigneur Jésus-Christ.

L'ordre dans le camp et le service des Lévites pour la maison de Dieu illustrent pour nous l'ordre et le service dans l'assemblée, tels qu'ils nous sont donnés dans le Nouveau

Testament, en particulier dans la Première Épître aux Corinthiens et la Première Épître à Timothée.

UN BREF RÉSUMÉ

En 3 mots, on peut résumer le livre des Nombres comme ceci :

- Organisation → Chapitres 1 à 10
- Désorganisation → Chapitres 11 à 25
- Réorganisation → Chapitres 26 à 36

Questionnaire
sur les Nombres

1. D'où vient l'expression « Les Nombres » pour désigner ce 4ᵉ livre de Moïse ?
   _____

2. Comment les Juifs appelaient-ils ce livre ? _____

3. Combien d'années le peuple d'Israël a-t-il été dans le désert et que signifie ce chiffre dans les Écritures ? _____
   _____

4. Combien de journées auraient suffi pour se rendre depuis Horeb jusqu'à Kadès-Barnéa ? (donnez la référence si possible)
   _____

5. Quel était le premier et le plus fréquent des péchés d'Israël dans le désert ? _____

Le Pentateuque - Esquisse de ses enseignements

6. Citez trois passages du N.T. qui nous mettent en garde contre ce même péché : _____

_____

_____

_____

7. Où se trouve le récit du serpent d'airain dans les Nombres et sa mention dans le N.T. ? _____

8. Dans quels chapitres des Nombres, l'histoire de Balaam, le faux prophète, est rapportée ? _____

9. Trois auteurs du N.T. se réfèrent à ce personnage pour nous mettre en garde contre…
    _____ de Balaam – 2 Pierre 2.1,16
    _____ de Balaam – Jude 11
    _____ de Balaam – Apocalypse 2.14

10. Le récit de Koré et sa rébellion se trouvent dans le chap.___ des Nombres.

11. Quel auteur du N.T. se sert de ce récit pour illustrer l'apostasie des derniers jours ? _____

12. Où l'apôtre Paul nous dit-il que l'expérience d'Israël dans le désert a des leçons à nous enseigner ? _____

Les Nombres (Questionnaire)

13. Contre quels péchés ce chapitre nous met-il en garde ?
_____

14. Dans un sens spirituel, le chrétien se trouve-t-il en Égypte, dans le désert ou en Canaan ? _____

Le Deutéronome

Ce titre « Deutéronome », pour désigner le cinquième livre de Moïse, dérive de deux mots grecs : *deuteros* qui veut dire « second » et *nomos* qui signifie « loi ».

Il ne faudrait pourtant pas conclure que le Deutéronome est une seconde loi qui remplace la première devenue caduque. Bien au contraire, le loi donnée à Moïse au Sinaï, 39 ans auparavant, est maintenant revue et commentée à la lumière de l'expérience du désert et en vue de la conquête du pays.

La nouvelle génération qui va entrer en Canaan n'était pas née lorsque la loi et les ordonnances pour le culte avaient été données au Mont Sinaï. Moïse savait que la nouvelle génération ne serait pas meilleure que la précédente. Il en avait eu la preuve (No 20,21).

Le Deutéronome est donc un résumé d'exhortations adressées à tout le peuple démontrant la bénédiction et la possession du pays promis. Dieu déclare que l'obéissance apporte la prospérité et le bien-être, alors que la désobéissance engendre la maladie et la misère.

Comme pour les autres livres du Pentateuque, dans la Bible hébraïque, les premiers mots du livre servent d'en-tête. Le Deutéronome a donc pour titre : « Voici les paroles ».

LE CONTENU DU DEUTÉRONOME

Nous avons remarqué que le Lévitique se compose en grande partie de paroles sorties de la bouche de Dieu et adressées à Moïse. Le Deutéronome nous rapporte des paroles de Moïse adressées au peuple. Il s'agit de discours (1.3-5 ; 31.1,2) qui furent ensuite mis par écrit (6.9, 24-26) en vue d'être lus et même recopiés (17.18,19).

Moïse, sachant sa mort approcher, rassemble le peuple pour lui donner ses dernières instructions.

Il est difficile d'établir une structure précise du livre. Nous proposons cette esquisse :

Chapitres 1 à 11
Moïse énumère les interventions de Dieu pendant la traversée du désert et tire les leçons qui s'en dégagent.

Chapitres 12 à 30
Moïse rappelle les instructions de la loi en avertissant solennellement le peuple.

Chapitres 31 à 34
Moïse donne son testament spirituel qui est une invitation pressante à l'obéissance.

L'ANNONCE DU MESSIE

Sitôt après la chute d'Adam et Ève, Dieu avait promis que la postérité de la femme (Jésus-Christ) écraserait la tête du serpent (Ge 3.15).

Les prophéties concernant la venue du Sauveur se sont faites de plus en plus nombreuses et précises à travers l'Ancien Testament.

Le texte de Deutéronome 18.15-19 annonce la venue du prophète par excellence, le Seigneur Jésus. En parlant de lui, Philippe dit à Nathanaël : « Nous avons trouvé celui de qui Moïse a écrit dans la loi et dont les prophètes ont parlé, Jésus de Nazareth, fils de Joseph » (Jean 1.45, voir aussi Actes 7.37).

De nombreux autres passages des évangiles parlent du Seigneur comme d'un prophète (Jn 6.14 ; 7.40 ; Lu 7.16 ; 24.19 ; Mt 21.11).

Le Seigneur Jésus a parlé lui-même comme étant prophète (Lu 13.33).

UN TEXTE CLÉ POUR RECONNAÎTRE LES FAUX PROPHÈTES

Une simple et unique prédiction qui ne se réalise pas suffit pour discerner un faux prophète (Voir Deutéronome 18.20-22). Cette règle est valable pour tous les temps.

QUELQUES ATTRIBUTS DE DIEU

Comme toutes les Saintes Écritures, le Deutéronome nous apprend à connaître le caractère de Dieu. Le Dieu d'Israël est aussi notre Dieu et son caractère ne change pas. Dieu est toujours :

1. Le Dieu vivant qui donne la vie (5.26)
2. Le Dieu de miséricorde qui a compassion de son peuple (4.31)

3. Le Dieu fidèle qui garde ses promesses (7.9)
4. Le Dieu grand et terrible qui donne la victoire (7.21)
5. Le Dieu jaloux qui désire tout notre amour (6.15)
6. Le Dieu d'éternité qui est un refuge pour ceux qui se confient en lui (33.27)
7. Le Dieu incomparable, parce qu'il est le seul vrai Dieu (33.26)

Le Deutéronome cité dans le Nouveau Testament

Il y a près de 90 références au Deutéronome dans le Nouveau Testament.

Lorsqu'il fut tenté dans le désert, le Seigneur Jésus a répondu trois fois à Satan en citant le Deutéronome, un livre donné dans le désert (1.1).

Voir Deutéronome 8.3 ; 6.13,16 ; 10.20 avec les textes de Matthieu 4 et Luc 4.

Le Seigneur connaissait les cinq livres de Moïse et il n'a eu besoin que d'en citer un seul pour vaincre l'ennemi, comme David qui ne s'est servi que d'une pierre sur cinq pour renverser Goliath (1 S 17.40,49).

Un résumé de la carrière de Moïse

Le début de l'Exode nous apprend dans quelles conditions est né Moïse et où il a été élevé. Étienne, dans son discours remarquable, dit que Moïse était instruit dans toute la sagesse des Égyptiens et qu'il était puissant en paroles et en œuvres (Ac 7.22). Nous comprenons que cela veut dire que Moïse était un homme très cultivé, un savant, versé dans toutes les

Le Deutéronome

connaissances scientifiques que les Égyptiens possédaient déjà à cette époque.

Au début du chapitre 3 de l'Exode, Dieu appelle Moïse « derrière le désert, à la montagne de Dieu, à Horeb », pour le former à son école, en vue de l'utiliser pour faire sortir son peuple hors d'Égypte.

Ensuite, dans le désert de Sinaï, Moïse monte vers Dieu qui l'appelle « du haut de la montagne » pour recevoir la loi et les instructions concernant la construction du tabernacle (19.1).

Au commencement du livre du Lévitique, nous lisons que Dieu appela Moïse et lui parla « de la tente d'assignation », c'est-à-dire du sanctuaire, pour lui donner les instructions concernant les divers sacrifices et les lois relatives à la sainteté et aux fêtes.

Le premier verset du livre des Nombres nous dit que « L'Éternel parla à Moïse dans le désert du Sinaï ». Le peuple allait entreprendre ce long pèlerinage à travers ce « grand et affreux désert » (De 1.19) où il devait être mis à l'épreuve.

À la fin du Deutéronome, Moïse monta des plaines de Moab, sur le Mont Nebo, au sommet du Pisga, vis-à-vis de Jéricho, où l'Éternel lui fit voir tout le pays promis. C'est là que mourut Moïse, et l'Éternel l'enterra dans la vallée (Chapitre 34).

Nous lisons que Moïse était un homme fort patient, plus qu'aucun homme sur la face de la terre. La version *Darby* traduit : très doux, et en note : ou humble (No 12.3). « Il n'a paru en Israël de prophète semblable à Moïse, que l'Éternel connaissait face à face. Nul ne peut lui être comparé pour tous les signes et les miracles que Dieu lui envoya faire au pays d'Égypte contre Pharaon, contre ses serviteurs et contre son pays, et pour tous les prodiges de terreur que Moïse accomplit à main forte sous les yeux de tout Israël » (De 34.10-12).

Questionnaire

sur le Deutéronome

1. Que signifie le mot « deutéronome » ?
   _____

2. Quelle est l'en-tête de ce 5ᵉ livre de Moïse dans la Bible hébraïque et d'où vient ce titre ?
   _____

3. Est-ce que cette nouvelle loi remplace la première du Mont Sinaï ? _____

4. Si oui, pourquoi ? Si non, quelle est la raison d'être du Deutéronome ? Expliquez brièvement.
   _____
   _____
   _____
   _____

Le Pentateuque - Esquisse de ses enseignements

5. Complétez les mots qui manquent pour décrire les trois grands sujets de ce livre. Ils commencent tous par la lettre « i ».

chap. 1 à 11 → Moïse énumère les _____ de Dieu pendant la traversée du désert et tire les leçons qui s'en dégagent.

chap. 12 à 30 → Moïse rappelle les _____ de la loi en avertissant solennellement le peuple.

chap. 31 à 34 → Moïse donne son testament spirituel qui est une _____ pressante à l'obéissance.

6. Quel texte du Deutéronome annonce la venue du prophète par excellence, le Seigneur Jésus ? _____

7. Où se trouve le passage suivant : « Nous avons trouvé celui de qui Moïse a écrit dans la loi et dont les prophètes ont parlé, Jésus de Nazareth, fils de Joseph » ? _____

8. Donnez quelques autres références, dans les évangiles, où le Seigneur Jésus est appelé prophète (Ex. Lu 7.16).

_____

9. Pouvez-vous citer une occasion où le Seigneur a parlé de lui-même comme étant prophète ? _____

_____

Indiquez la référence : _____

10. Quel texte clé du Deutéronome nous permet d'identifier un faux prophète et qu'est-ce qui caractérise ce dernier ?

_____

11. Lorsque le Seigneur Jésus a été tenté dans le désert, il a répondu trois fois à Satan en citant le Deutéronome. Indiquez les références des textes qu'il a cités :

_____

_____

_____

12. Qu'est-ce qui vous a le plus frappé dans cette série d'études sur le Pentateuque ?

_____

_____

_____

_____

Le Nouveau Testament
comparé au Pentateuque

La Genèse (signifie : « commencement)

Les quatre évangiles nous présentent un nouveau commencement. L'homme ayant été incapable de mettre en pratique la loi, Dieu envoie son Fils pour recommencer l'histoire de l'homme et accomplir la loi.

La première parole du Seigneur Jésus, rapportée dans l'Évangile selon Matthieu, est significative. S'adressant à Jean-Baptiste, qui s'opposait à le baptiser, le Seigneur dit : « Laisse faire maintenant, car ainsi il nous est convenable d'accomplir toute justice » (3.15 – version *Darby*). L'homme en Adam est mis de côté et le second homme va procurer aux pécheurs repentants une justice qui vient de Dieu.

Les quatre évangiles sont comme quatre miroirs, placés autour du Seigneur Jésus, qui donnent chacun une vue différente de sa merveilleuse personne et de son œuvre rédemptrice. C'est le fondement sur lequel repose toute la doctrine exposée dans le Nouveau Testament.

L'Exode (signifie : « sortie », thème : la rédemption)

Le livre des Actes des apôtres est un livre historique qui nous rapporte comment Dieu délivre un peuple qui lui appartient et qu'il destine à la gloire du ciel.

Les croyants sont affranchis du joug du judaïsme pour être introduits dans la joie et la liberté que donne la Bonne Nouvelle d'une rédemption accomplie.

Le Lévitique (la sainteté et le sanctuaire)

Les quatorze lettres de Paul (si on inclut l'épître aux Hébreux) nous instruisent quant à notre position et nos responsabilités comme croyants. Nous sommes saints (notre position), aussi Dieu exige que nous soyons saints (pratiquement).

Comme Israël était un peuple mis à part pour Dieu, nous devons aussi être séparé de tout ce qui est incompatible avec la présence de Dieu. C'est l'enseignement du Lévitique et des épîtres de Paul.

Les Nombres (la marche)

Les épîtres de Jacques, Pierre, Jean et Jude sont appelées générales ou catholiques (c'est-à-dire universelles), parce qu'elles ne sont pas adressées à des individus ou à des églises particulières. Elles nous donnent les instructions propres à nous guider pendant notre pèlerinage ici-bas.

Le Deutéronome (le peuple à la frontière du pays)

Comme le Deutéronome, l'Apocalypse a un caractère rétrospectif (les chapitres 2 et 3 traitent de l'histoire de l'église professante) et prospectif (les chapitres 4 à 22 nous révèlent ce qui se passera sur la terre et dans le ciel après l'enlèvement). La connaissance des événements de demain doit nous aider à mieux vivre aujourd'hui. L'obéissance apporte la bénédiction et la désobéissance, la malédiction.

Questionnaire

Le Nouveau Testament comparé au Pentateuque

1. Pouvez-vous résumer comment le Nouveau Testament peut être comparé au Pentateuque ?

Les Psaumes
comparés au Pentateuque

Il y a une analogie frappante entre l'ordre des sujets traités dans les Psaumes et les cinq livres de Moïse.

Comme le Pentateuque, les Psaumes se divisent en cinq livres.

Livre premier (Psaumes 1 à 41) → Correspond à la Genèse

Il a beaucoup à dire sur l'homme et les conseils de Dieu en rapport avec lui. La bénédiction dépend de l'obéissance (*cf.* Ge 1.28 et Ps 1.1). Dans la Genèse, l'obéissance consistait à s'abstenir du fruit d'un certain arbre (Ge 2.16,17). Dans le Psaume 1, le juste est comparé à un arbre qui produit son fruit (v.3). La désobéissance a apporté la ruine (*cf.* Ge 3 et Ps 2). Le seul remède est apporté par le Fils de l'homme (la semence de la femme) et son œuvre rédemptrice.

Livre deuxième (Psaumes 42 à 72) → Correspond à l'Exode

Il est souvent question de la délivrance. Ce livre des Psaumes commence par un soupir après Dieu, venant d'une âme sous l'oppression de l'ennemi (Ps 42.2,10). Il termine par un cantique du roi qui règne dans toute sa gloire, sur un peuple racheté (Ps 72). Le grand sujet de tout le livre est la nation d'Israël, son rédempteur et sa rédemption. C'est dans ce livre que nous trouvons le nom de Dieu comme rédempteur de son peuple : JAH (abrégé de Yahvé ou Jéhovah) au Paume 68.4, dont la première mention est dans Exode 15.2 (version *Darby*).

Livre troisième (Psaumes 73 à 89) → Correspond au Lévitique

Il a pour objet le sanctuaire. Les conseils de Dieu sont considérés, non plus en relation avec l'homme (la Genèse) ou la nation d'Israël (l'Exode), mais en rapport avec le sanctuaire. Ce mot, ou des allusions au sanctuaire, se trouvent dans presque tous les Psaumes de ce troisième livre (voir 73.16,17).

Livre quatrième (Paumes 90 à 106) → Correspond au Nombres

Il a pour objet Israël, les nations et les conseils de Dieu en rapport avec la terre. Il montre que les peuples n'ont aucune espérance en dehors d'une relation avec Dieu. Il met l'accent sur le temps, l'incertitude de ce qui est terrestre, nos égarements jusqu'à l'établissement du royaume, alors que toutes nations s'inclineront devant le Roi. Les illustrations sont tirées de ce monde, considéré comme un désert pour le fidèle. Ce quatrième livre commence par le Psaume 90, une prière de Moïse (l'homme du désert), et termine avec le Psaume 106 qui relate la rébellion d'Israël dans le désert.

Les Psaumes comparés au Pentateuque

Livre cinquième (Psaumes 107 à 150) → Correspond au Deutéronome

Le grand sujet, c'est Dieu et sa Parole. Les conseils de Dieu ne sont plus envisagés en relation avec l'homme (Livre 1er), la nation d'Israël (Livre 2e), le sanctuaire (Livre 3e), la terre et les nations (Livre 4e), mais en relation avec la Parole de Dieu et l'obéissance à cette Parole. Elle doit être une nourriture pour nos âmes (De 8.3). Nous trouvons dans ce livre de nombreuses expressions de reconnaissance à propos de la fidélité de Dieu. Il commence avec le Psaume 107 où nous lisons au verset 20 : « Il envoya sa parole et les guérit ». C'est dans ce livre que se trouve le plus long des psaumes, bien connu, qui souligne ce que doit être pour nous la Parole de Dieu (Psaume 119).

Questionnaire

Les Psaumes comparés au Pentateuque

1. Décrivez brièvement l'analogie qui existe entre les 5 livres de Moïse et les Psaumes.

Le livre premier (Psaumes ___ à ___) correspond à la Genèse :

_____

_____

_____

_____

_____

_____

_____

Les Psaumes comparés au Pentateuque (Questionnaire)

Le livre deuxième (Psaumes ___ à ___) correspond à l'Exode :

_____

_____

_____

_____

_____

_____

_____

Le livre troisième (Psaumes ___ à ___) correspond au Lévitique :

_____

_____

_____

_____

_____

_____

_____

Le Pentateuque - Esquisse de ses enseignements

Le livre quatrième (Psaumes ___ à ___) correspond au Nombres:

Le livre cinquième (Psaumes ___ à ___) correspond au Deutéronome :

« **Publications Chrétiennes inc.** » est une maison d'édition québécoise fondée en 1958. Sa mission est d'éditer ou de diffuser la Bible ainsi que des livres et brochures qui en exposent l'enseignement, qui en démontrent l'actualité et la pertinence, et qui encouragent la croissance spirituelle en Jésus-Christ.

Pour notre catalogue complet :
www.publicationschretiennes.com

Publications Chrétiennes inc.
230, rue Lupien, Trois-Rivières, Québec, CANADA – G8T 6W4
Tél. (sans frais) : 1-866-378-4023, Téléc. : 819-378-4061
commandes@pubchret.org

www.ingramcontent.com/pod-product-compliance
Lightning Source LLC
Chambersburg PA
CBHW061458040426
42450CB00008B/1404